Juan E. Díaz Bordenave

O QUE É
PARTICIPAÇÃO
2ª Edição

São Paulo

editora brasiliense

Copyright © by Juan E. Díaz Bordenave
Nenhuma parte desta publicação pode ser gravada,
armazenada em sistemas eletrônicos, fotocopiada,
reproduzida por meios mecânicos ou outros quaisquer
sem autorização prévia da editora.

Primeira edição, 1983
8ª edição, 1994
6ª reimpressão, 2013

Diretora Editorial: *Maria Teresa B. de Lima*
Editor: *Max Welcman*
Produção Editorial: *Adriana F. B. Zerbinati*
Produção Gráfica: *Adriana F. B. Zerbinati*
Capa e Ilustrações: *Miguel Paiva*
Revisão: *Marília Martins Ferro e Érika Satie Kurihara*

Dados Internacionais de Catalogação na Publicação (CIP)
(Câmara Brasileira do Livro, SP, Brasil)

Diaz Bordenave, Juan E.
   O que é participação / Juan E. Diaz Bordenave. – 6ª reimp. da 8ª ed.
– São Paulo : Brasiliense, 2013. – (Coleção Primeiros Passos;
95).

ISBN 978-85-11-01095-4

1. Participação política 2. Participação social I Título. II.
Série

94-4178   CDD-307

Índices para catálogo sistemático:
1. Participação social : Sociologia   307

editora brasiliense ltda
Rua Antonio de Barros, 1839 - Tatuapé
CEP 03401-001 — São Paulo — SP
www.editorabrasiliense.com.br

Sumário

I - Queremos participar 7
II - Necessidade humana universal 10
III - Participação *versus* marginalização 18
IV - As diversas maneiras de participar 27
V - Condicionamentos da participação 37
VI - As forças atuantes na dinâmica participativa ... 46
VII - As ferramentas operativas 63
VIII - Alguns "princípios" da participação 76
  Indicações para leitura 82
  Sobre o autor 85

"Talvez o ser humano não seja somente o ser social, como alguns sociólogos nos querem fazer crer, mas seja também estar ativamente trabalhando contra essas forças sociais que querem reduzir nossa vida social a um mínimo. Talvez não fôssemos humanos se esta tarefa pudesse ser feita de uma só vez. É, precisamente, a necessidade permanente de lutar que dá à vida humana um significado perene."

JOHAN GALTUNG

"Porque onde dois ou três estão juntos em meu nome, eu estou ali com eles."

JESUS DE NAZARÉ

A meus compatriotas que desejam participar, como eu desejo, da construção de um Paraguai democrático.

J. E. D. B.

I
Queremos participar

Que o interesse por participar tem se generalizado nos últimos anos, no Brasil e no mundo todo, não resta a menor dúvida. Aqui e acolá surgem associações as mais diversas: amigos de bairro, movimentos ecológicos, associações de moradores, comunidades eclesiais de base, e outras.

É como se a civilização moderna, com seus enormes complexos industriais e empresariais e com seus meios eletrônicos de comunicação massiva, tivesse levado os homens primeiro a um individualismo massificador e atomizador e, mais tarde, como reação defensiva frente à alienação crescente, os levasse cada vez mais à participação coletiva.

Houve um tempo em que o triunfalismo dos regimes totalitários convenceu alguns filósofos sociais de que os homens tinham medo da liberdade e por isso trocavam facilmente sua autonomia pela segurança do autoritarismo. Tais filósofos, no entanto, ficariam certamente surpresos ao ver os poderosos movimentos populares que hoje se levantam no mundo inteiro contra os regimes que negam ao povo o direito de participar.

Nesse sentido, está sobejamente comprovado que o maior erro das ditaduras é pensar que toda a população se sente aliviada por não ter de tomar decisões, preferindo transferi-las ao governo.

Pode haver gente assim. Mas a maioria prefere a democracia. E para um crescente número de pessoas, democracia não é apenas um método de governo onde existem eleições. Para elas, democracia é um estado de espírito e um modo de relacionamento entre as pessoas. Democracia é um estado de participação.

O uso frequente da palavra *participação* também revela a aspiração de setores cada dia mais numerosos da população a assumirem o controle do próprio destino. As rádios convidam os ouvintes a "participarem" de sua programação telefonando, escrevendo, solicitando discos; os partidos políticos conclamam a população a participar; o vertiginoso crescimento do associativismo nesta década parece indicar que estamos entrando na *era da participação*.

No entanto, esse interesse pela participação não parece estar acompanhado de um conhecimento generalizado do que ela é, de seus graus e níveis, de suas condições, sua dinâmica e suas ferramentas operativas.

A escassez de literatura sobre o tema revela até que ponto a participação é um assunto novo e o quanto a nossa sociedade tem sido pouco participativa.

Há uma necessidade não satisfeita de saber em que consiste a participação na construção de uma sociedade solidária.

Este pequeno livro procura contribuir para uma resposta com a modéstia dos *primeiros passos*.

NECESSIDADE HUMANA UNIVERSAL

• A família Silva está reunida ao redor da mesa de jantar discutindo como enfrentar o desafio do crescente custo de vida. Há importantes decisões a serem tomadas. Alguns dos meninos terão de deixar de estudar e começar a trabalhar. Serão precisos cortes nas despesas de alimentação e diversão. O pai pergunta a opinião de cada membro da família. Todos tratam de participar da discussão cada qual contribuindo segundo sua idade e situação.

• A Associação dos Moradores da Favela do Cravo convoca reunião para hoje à noite. O núcleo de liderança quer convencer o grupo comunitário da urgência de se mobilizar e fazer pressão sobre a Prefeitura para dar solução ao problema da água. Espera-se a participação de todo o pessoal porque o problema interessa a todos.

• O Serviço de Extensão Rural do Estado comunicou aos produtores do município de Rebouças que de agora em diante o planejamento das atividades do Serviço na região será feito mediante consulta aos agricultores. "Estamos implantando em Rebouças o Planejamento Participativo", declarou o diretor do Serviço.

• Em recente comício de sua campanha, o candidato a governador afirmou que seu partido defende uma *alternativa comunitária* e que, se for eleito, pretende substituir o paternalismo governamental pela participação responsável da comunidade.

• Por razões de conjuntura histórica, na Organização das Nações Unidas cinco países – China, França, Reino Unido, Rússia e EUA – reservam-se a condição privilegiada de membros "permanentes" do Conselho de Segurança com direito ao chamado poder de "veto" sobre todas as decisões importantes do citado Conselho. Com o aumento do número de países membros essa desigualdade na participação dos países tem sido objeto de severas críticas.

PARTICIPAÇÃO. As pessoas participam em sua família, em sua comunidade, no trabalho, na luta política. Os países participam nos foros internacionais, onde se tomam decisões que afetam os destinos do mundo.

Como nenhum homem é uma ilha e desde suas origens o homem vive agrupado com seus iguais, a participação sempre tem acompanhado – com altos e baixos – as formas históricas que a vida social foi tomando. Entretanto, no mundo inteiro nota-se hoje uma tendência para a intensificação dos processos participativos. As causas?

A participação está na ordem do dia devido ao descontentamento geral com a marginalização do povo dos assuntos que interessam a todos e que são decididos por poucos. O entusiasmo pela participação vem das contribuições positivas que ela oferece.

Aliás, algo surpreendente está ocorrendo com a participação: estão a favor dela tanto os setores progressistas que desejam uma democracia mais autêntica, como os setores tradicionalmente não muito favoráveis aos avanços das forças populares.

A razão, evidentemente, é que a participação oferece vantagens para ambos. Ela pode se implantar tanto com objetivos de liberação e igualdade como para a manutenção de uma situação de controle de muitos por alguns.

Do ponto de vista dos setores progressistas, a participação facilita o crescimento da consciência crítica da população, fortalece seu poder de reivindicação e a prepara para adquirir mais poder na sociedade. Além disso, por meio da participação, conseguem-se resolver problemas que ao indivíduo parecem insolúveis se contar só com suas próprias forças, tais como a construção de uma estrada ou uma ponte, ou a recuperação de delinquentes juvenis numa comunidade marginal. Graças à participação, às vezes, resolvem-se ainda conflitos de uma maneira pacífica e satisfatória para as partes interessadas.

O que é Participação 13

Do ponto de vista dos planejadores democráticos, a participação garante o controle das autoridades por parte do povo, visto que as lideranças centralizadas podem ser levadas facilmente à corrupção e à malversação de fundos. Quando a população participa da fiscalização dos serviços públicos, estes tendem a melhorar em qualidade e oportunidade.

Além disso, os serviços que os organismos oficiais, tais como ministérios de saúde e de agricultura, prestam ao povo são mais bem aceitos na medida em que correspondem à percepção que este tem de suas próprias necessidades, percepção que se expressa mediante a participação. Daí que muitos destes organismos de serviço público se empenhem agora, depois de séculos de verticalidade e autoritarismo, em promover o "planejamento participativo", capaz de gerar projetos relevantes para a população.

Por outro lado, há uma crescente consciência por parte dos governos de que os recursos necessários para o desenvolvimento das regiões carentes são tão enormes que uma alta proporção deles deve ser obtida nas próprias áreas beneficiárias. Ora, o mais importante recurso no processo de desenvolvimento são as próprias pessoas e, por conseguinte, os governos procuram a participação delas em escala massiva.

Além da necessidade "econômica" da participação, há também um reconhecimento da necessidade "política" da mesma, no sentido de que as estratégias altamente centralizadas têm fracassado na mobilização de recursos econômicos e no desenvolvimento da iniciativa própria para tomar decisões em nível local. A participação popular e a descentralização das decisões mostram-se como caminhos mais adequados para enfrentar os problemas graves e complexos dos países em desenvolvimento.

A participação disseminada em associações e entidades equilibraria a tendência para a ruptura contida na participação se canalizada exclusivamente através dos partidos políticos. Além disso, na medida em que expressa interesses reais, mais próximos e visíveis por cada um, ajudaria a conter a tendência inata para o despotismo supostamente contido em toda democracia, já que ela sempre contempla os interesses das maiorias e submete as minorias.

Ora, a enumeração das contribuições da participação poderia levar a um conceito puramente instrumental, com o perigo de que se veja nela algo para ser dirigido, manipulado ou explorado quanto a seus resultados utilitários.

No entanto, se procurarmos a motivação dos participantes de uma atividade comunitária qualquer, notaremos neles uma satisfação pessoal e íntima que com frequência vai muito além dos resultados úteis de sua participação.

Ocorre que a participação não é somente um instrumento para a solução de problemas mas, sobretudo,

uma *necessidade fundamental do ser humano*, como o são a comida, o sono e a saúde.

A participação é o caminho natural para o homem exprimir sua tendência inata de realizar, fazer coisas, afirmar-se a si mesmo e dominar a natureza e o mundo. Além disso, sua prática envolve a satisfação de outras necessidades não menos básicas, tais como a interação com os demais homens, a autoexpressão, o desenvolvimento do pensamento reflexivo, o prazer de criar e recriar coisas, e, ainda, a valorização de si mesmo pelos outros.

Conclui-se que a participação tem duas bases complementares: uma base afetiva – participamos porque sentimos prazer em fazer coisas com outros – e uma base *instrumental* – participamos porque fazer coisas com outros é mais eficaz e eficiente que fazê-las sozinhos.

Essas duas bases – afetiva e instrumental – deveriam equilibrar-se. Porém, às vezes, elas entram em conflito e uma delas passa a sobrepor-se à outra. Ou a participação torna-se puramente "consumatória" e as pessoas se despreocupam em obter resultados práticos – como numa roda de amigos bebendo num bar – ou ela é usada apenas como instrumento para atingir objetivos, como num "comando" infiltrado em campo inimigo.

Em síntese, a participação é inerente à natureza social do homem, tendo acompanhado sua evolução desde a tribo e o clã dos tempos primitivos, até as associações, empresas e partidos políticos de hoje. Neste sentido, a frustração da necessidade de participar constitui uma mutilação do homem social. Tudo indica que o homem só desenvolverá seu potencial pleno numa sociedade que permita e facilite a participação de todos. O futuro ideal do homem só se dará numa sociedade participativa.

Participação *versus* marginalização

Entender o que é participação talvez seja mais fácil se compreendermos o seu contrário, a não participação, isto é, o fenômeno da *marginalidade*.

Marginalidade significa ficar de fora de alguma coisa, às margens de um processo sem nele intervir.

O conceito de "marginalidade", porém, é mal entendido entre nós. Basta ver a aplicação da palavra "marginais" aos criminosos de qualquer tipo, como se eles não interviessem ativamente, embora a seu próprio modo, nos processos sociais.

Outro erro frequente é entender a marginalidade apenas como a falta de participação de certos setores sociais no *consumo* dos bens materiais e culturais da sociedade. Segundo esta ótica, a substancial proporção da população que se encontra em situação de pobreza, seria ignorância e alienação marginal porque não consegue usufruir dos empregos, escolas e diversões como o fazem outros setores.

Ora, erro ainda pior é atribuir a responsabilidade de se encontrarem naquela situação de *déficit* aos próprios setores "marginais", com grande ênfase nos "*déficits* educativos" evidenciados pelo seu analfabetismo, precária instrução básica e costumes "primitivos".

Tais *déficits* educativos, aliás, frequentemente são considerados consequência do "atraso" daqueles setores em relação a outros mais "modernos" e "desenvolvidos".

Essa maneira de entender a marginalidade como atraso autoprovocado tem levado ao desenvolvimento de estratégias educativas "integradoras"; os programas educativos emergentes desta percepção visam a incorporação dos setores populares à vida nacional, adaptando-os e integrando-os às condições exigidas pela modernização da sociedade.

O preço da "participação" seria, então, a integração ao molde modernizador, onde a participação é entendida como a inclusão entre os beneficiários consumidores dos bens materiais e culturais inerentes ao desenvolvimento modernizador.

Onde está o erro deste enfoque?

Está em que a "marginalidade" de alguns grupos não é, de maneira alguma, consequência de "atrasos", mas resultado lógico e natural do desenvolvimento modernizador numa sociedade onde o acesso aos benefícios está desigualmente repartido. O subdesenvolvimento de uns é provocado pelo "superdesenvolvimento" de outros. Para que alguns possam acumular vastos patrimônios, outros necessitam ser explorados e sacrificados. Para que o poder se concentre em poucas mãos, a participação política da maioria da população deve ser cortada.

Não há, pois, *marginalidade* mas *marginalização*.

Nesse novo enfoque, a participação não mais consiste na recepção passiva dos benefícios da sociedade mas na intervenção ativa na sua construção, o que é feito através da tomada de decisões e das atividades sociais em todos os níveis.

No novo contexto, a participação já não tem o caráter "consumista" atribuído pela teoria da marginalidade, mas o de processo coletivo transformador, às vezes contestatório, no qual os setores marginalizados se incorporam à vida social por direito próprio e não como convidados de pedra, conquistando uma presença ativa e decisória nos processos de produção, distribuição, consumo, vida política e criação cultural.

De modesta aspiração a um maior acesso aos bens da sociedade, à participação fixa-se o ambicioso objetivo final da "autogestão", isto é, uma relativa autonomia dos grupos populares organizados em relação aos poderes do Estado e das classes dominantes. Autonomia que não implica uma caminhada para a anarquia, mas, muito pelo contrário, implica o aumento do grau de consciência política dos cidadãos, o reforço do controle popular sobre a autoridade e o fortalecimento do grau de legitimidade do poder público quando este responde às necessidades reais da população.

A seguinte notícia, publicada num jornal paulista, reflete o novo conceito de participação:

> SÃO PAULO – O Cardeal-Arcebispo D. Paulo Evaristo Arns disse ontem que "todos aqueles que acreditam ser possível manipular o povo sentirão a presença das Comunidades de Base e de toda a população por elas acordada". Ele afirmou que as Comunidades Eclesiais de Base "nunca lutarão por acesso ao poder político mas terão momentos de pressão sobre o Poder". E advertiu: "Passou o tempo em que os políticos podiam manobrar a população. O povo é quem demandará coisas dos políticos. O processo está bem adiantado".

A mudança de enfoque, naturalmente, deflagra uma nova abordagem dos processos educativos que, de um caráter meramente "integrador", passam a ter caráter conscientizador e liberador, tornando-se verdadeiras escolas de participação.

A MICRO E A MACROPARTICIPAÇÃO

A breve discussão sobre a marginalização preparou-nos para conceituar a participação.

Um pouco de etimologia pode também ajudar. Qual é a origem da palavra "participação"?

Pergunte a qualquer pessoa o que é participação e, com toda certeza, ela mencionará a palavra "parte" em sua resposta. Seguramente vai dizer que "participar é fazer parte de algum grupo ou associação", ou "tomar parte numa determinada atividade", ou, ainda, "ter parte num negócio".

- Fazer parte.
- Tomar parte.
- Ter parte.

De fato, a palavra *participação* vem da palavra *parte*. Participação é fazer parte, tomar parte ou ter parte. Mas é tudo a mesma coisa ou há diferenças no significado destas expressões?

"Bulhões faz parte de nosso grupo mas raramente toma parte das reuniões."

"Fazemos parte da população do Brasil mas não tomamos parte nas decisões importantes."

"Edgar faz parte de nossa empresa mas não tem parte alguma no negócio."

Essas frases indicam que é possível fazer parte sem tomar parte e que a segunda expressão representa um nível mais intenso de participação. Eis a diferença entre a participação *passiva* e a participação *ativa*, a distância entre o cidadão inerte e o cidadão engajado.

Ora, mesmo dentro da participação ativa, isto é, entre as pessoas que "tomam parte", existem diferenças na qualidade de sua participação. Algumas, por exemplo, sentem "ser parte" da organização, isto é, consideram que "têm parte" nela e lhe dedicam sua lealdade e responsabilidade. Outras, embora muito ativas, talvez levadas pelo seu dinamismo natural, não professam uma lealdade comprometida com a organização e facilmente a abandonam para gastar suas energias excedentes em outra organização.

A prova de fogo da participação não é o quanto se toma parte mas como se toma parte.

Possivelmente, a insatisfação com a democracia representativa que se nota nos últimos tempos em alguns países se deva ao fato de os cidadãos desejarem cada vez mais "tomar parte" no constante processo de tomada nacional de decisões e não somente nas eleições periódicas. A democracia participativa seria então aquela em que os cidadãos sentem que, por "fazerem parte" da nação, "têm parte" real na sua condução e por isso "tomam parte" – cada qual em seu ambiente – na construção de uma nova sociedade da qual se "sentem parte".

O homem participa nos grupos *primários*, como a família, o grupo de amizade ou de vizinhança, e participa também dos grupos *secundários*, como as associações profissionais, sindicatos, empresas. Participa ainda dos grupos *terciários*, como os partidos políticos e movimentos de classe.

Podemos então falar de processos de *micro* e de *macroparticipação*. É importante distingui-los porque muitas pessoas participam somente em nível micro sem perceber que poderiam – e talvez *deveriam* – participar também em nível macro, ou social.

Para A. Meister a microparticipação é "a associação voluntária de duas ou mais pessoas numa atividade comum na qual elas não pretendem unicamente tirar benefícios pessoais e imediatos".

"Convém distinguir entre *participação em associações* e *participação social*. Às vezes pensa-se, erroneamente, que participação social é apenas a soma das associações de que se é membro ativo. Se as pessoas estão afiliadas a várias sociedades, clubes, irmandades etc., há quem diga "elas têm muita participação social".

Participação social, todavia, ou participação em nível macro, implica uma visão mais larga e ter algo a dizer na sociedade como um todo. A sociedade global não é só o conjunto de associações. O cidadão, além de participar em nível micro na família e nas associações, também participa em nível macro quando intervém nas lutas sociais, econômicas e políticas de seu tempo.

A macroparticipação, isto é, a participação macrossocial, compreende a intervenção das pessoas nos processos dinâmicos que constituem ou modificam a sociedade, quer dizer, na história da sociedade. Sua conceitualização, por conseguinte, deve incidir no que é mais básico na sociedade, que é a produção dos bens materiais e culturais, bem como sua administração e seu usufruto.

Segundo essa premissa, *"participação social é o processo mediante o qual as diversas camadas sociais têm parte na produção, na gestão e no usufruto dos bens de uma sociedade historicamente determinada"* (Satira Bezerra Ammann).

O conceito de participação social é transferido deste modo da dimensão superficial do mero ativismo imediatista, em geral sem consequências sobre o todo, para o âmago das estruturas sociais, políticas e econômicas. Em harmonia com o conceito, se uma população apenas produz e não usufrui dessa produção, ou se ela produz e usufrui mas não toma parte na gestão, não se pode afirmar que ela participe verdadeiramente.

Uma sociedade participativa seria, então, aquela em que todos os cidadãos têm parte na produção, gerência e usufruto dos bens da sociedade de maneira equitativa. Toda a estrutura social e todas as instituições estariam organizadas para tornar isso possível.

Assim, a *construção de uma sociedade participativa* converte-se na utopia-força que dá sentido a todas as microparticipações. Neste sentido, a participação na família, na escola, no trabalho, no esporte, na comunidade, constituiria a aprendizagem e o caminho para a participação em nível macro numa sociedade onde não existam mais setores ou pessoas marginalizadas. Aos sistemas educativos, formais e não-formais, caberia desenvolver *mentalidades participativas* pela prática constante e refletida da participação.

O interessante é que a luta pela participação social envolve ela mesma processos participatórios, isto é, atividades organizadas dos grupos com o objetivo de expressar necessidades ou demandas, defender interesses comuns, alcançar determinados objetivos econômicos, sociais ou políticos, ou influir de maneira direta nos poderes públicos.

Concebida a participação social como produção, gestão e usufruto com acesso universal, põe-se a descoberto a falácia de se pretender uma participação *política* sem uma correspondente participação *social* equitativa: com efeito, na democracia liberal os cidadãos tomam parte nos rituais eleitorais e escolhem seus representantes, mas, por não possuírem nem administrarem os meios de produção material e cultural, sua participação macrossocial é fictícia e não real.

AS DIVERSAS MANEIRAS DE PARTICIPAR

Desde o começo da humanidade, os homens tiveram uma participação *de fato*, quer no seio da família nuclear e do clã, quer nas tarefas de subsistência (caça, pesca, agricultura), ou no culto religioso, na recreação e na defesa contra os inimigos. O primeiro tipo de participação é, então, a *participação de fato*.

Um segundo tipo seria o de *participação espontânea*, aquela que leva os homens a formarem grupos de vizinhos, de amigos, "panelinhas" e *"gangs"*, isto é, grupos fluidos, sem organização estável ou propósitos claros e definidos a não ser os de satisfazer necessidades psicológicas de pertencer, expressar-se, receber e dar afeto, obter reconhecimento e prestígio.

Além das formas de participação de fato e espontânea, sempre existiram modos de *partipação imposta*, nos quais o indivíduo é obrigado a fazer parte de grupos e realizar certas atividades consideradas indispensáveis. As tribos indígenas obrigam os jovens, por exemplo, a se submeterem a cerimônias de iniciação e rituais de passagem, enquanto as nações modernas os forçam a se submeterem à disciplina escolar e a fazer parte do exército. A missa dominical dos católicos e o voto obrigatório nas eleições são outros casos de participação imposta.

Na *participação voluntária*, o grupo é criado pelos próprios participantes, que definem sua própria organização e estabelecem seus objetivos e métodos de trabalho. Os sindicatos livres, as associações profissionais, as cooperativas, os partidos políticos, baseiam-se na participação voluntária.

Nessa categoria inclui-se ainda o participar de um negócio, como sócio capitalista ou gerente. A frase: "Delfim e eu vamos entrar no negócio de exportação de carnes. O Ernani tem uma participação de 30%. Você gostaria de participar também, Geraldo?" – refere-se a esse tipo de participação voluntária.

Todavia, nem sempre a participação voluntária surge como iniciativa dos membros do grupo. Às vezes trata-se de uma *participação provocada* por agentes externos, que ajudam outros a realizarem seus objetivos ou os manipulam a fim de atingir seus próprios objetivos previamente estabelecidos. (Neste último caso pode-se falar de *participação dirigida ou manipulada.)*

Alguns enfoques mais ou menos institucionalizados de participação provocada são a extensão rural, o serviço social, o desenvolvimento de comunidades, a educação em saúde, os trabalhos de pastoral, a agitação-propaganda.

Finalmente, existe ainda uma *participação concedida,* que viria a ser a parte de poder ou de influência exercida pelos subordinados e considerada como legítima por eles mesmos e seus superiores. A participação nos lucros, outorgada por certas empresas a seus trabalhadores, cairia nessa categoria.

O chamado "planejamento participativo", quando implantado por alguns organismos oficiais, frequentemente não é mais que um tipo de participação concedida, e às vezes faz parte da ideologia necessária para o exercício do projeto de direção-dominação da classe dominante. Com efeito, a ideologia dominante objetiva manter a participação do indivíduo restrita aos grupos baseados em relações sociais primárias, como o local de trabalho, a vizinhança, as paróquias, as cooperativas, as associações profissionais etc., de modo a criar uma "ilusão de participação" política e social.

Embora seja relativamente óbvia a intenção do Estado e da classe dominante, contudo, o planejamento participativo tem seu lado positivo, pois *a participação, mesmo concedida, encerra em si mesma um potencial de crescimento da consciência crítica, da capacidade de tomar decisões e de adquirir poder.*

Na medida em que se aproveitam as oportunidades de participação concedida para tal crescimento, e não para o aumento da dependência, o planejamento participativo constitui um avanço e não um retrocesso.

OS GRAUS E NÍVEIS DE PARTICIPAÇÃO

São questões-chave na participação num grupo ou organização:

– qual é o grau de controle dos membros sobre as decisões;

– quão importantes são as decisões de que se pode participar.

No caso do *controle,* evidentemente, não são iguais os membros participarem de atividades decididas pelo próprio grupo e participarem de uma atividade controlada por outro ou outros.

Numa associação de pais e mestres, por exemplo, os pais podem opinar e colaborar, mas via de regra o controle é mantido pela direção do colégio. Num conselho paroquial os leigos dão muitos palpites, mas o controle final não costuma sair das mãos do pároco.

O seguinte esquema ilustra alguns dos *graus* que pode alcançar a participação numa organização qualquer, do ponto de vista do menor ou maior acesso ao controle das decisões pelos membros:

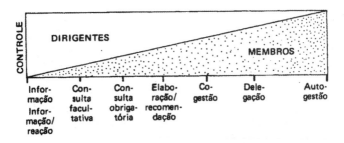

O menor grau de participação é o de *informação*. Os dirigentes informam os membros da organização sobre as decisões já tomadas. Por pouco que pareça, isso já constitui uma certa participação, pois não é infrequente o caso de autoridades não se darem sequer o trabalho de informar seus subordinados.

Em alguns casos, a *reação* dos membros às informações recebidas é tomada em conta pelos superiores, levando-os a reconsiderarem uma decisão inicial. Outras vezes, o direito de reação não é tolerado.

Na *consulta facultativa* a administração pode, se quiser e quando quiser, consultar os subordinados, solicitando criticas, sugestões ou dados para resolver algum problema. Quando a consulta é *obrigatória* os subordinados devem ser consultados em certas ocasiões, embora a decisão final pertença ainda aos diretores. É o caso da lei que estabelece a negociação salarial entre patrões e operários.

Um grau mais avançado de participação é a *elaboração/recomendação* na qual os subordinados elaboram propostas e recomendam medidas que a administração aceita ou rejeita, mas sempre se obrigando a justificar sua posição.

Num degrau superior está a *cogestão*, na qual a administração da organização é compartilhada mediante mecanismos de codecisão e colegialidade. Aqui, os administrados exercem uma influência direta na eleição de um plano de ação e na tomada de decisões. Comitês, conselhos ou outras formas colegiadas são usadas para tomar decisões.

Exemplo de tentativa de cogestão foi a experiência peruana de "comunidades industriais": nas empresas, embora dirigidas por seus antigos proprietários, estabeleceu-se, por lei, o colegiado de operários com poder de tomar parte nas decisões da gerência.

A *delegação* é um grau de participação onde os administrados têm autonomia *em certos campos ou jurisdições* antes reservados aos administradores. A administração define certos limites dentro dos quais os administradores têm poder de decisão. Ora, para que haja delegação real os delegados devem possuir completa autoridade, sem precisar consultar seus superiores para tomarem as decisões.

O grau mais alto de participação é a *autogestão*, na qual o grupo determina seus objetivos, escolhe seus meios e estabelece os controles pertinentes, sem referência a uma autoridade externa. Na autogestão desaparece a diferença entre administradores e administrados, visto que nela ocorre a autoadministração.*

A outra questão-chave na participação é a *importância das decisões* a cuja formulação os membros têm acesso. Isto significa que em qualquer grupo ou organização existem decisões de muita importância e outras não tão importantes. Assim, por exemplo, numa cooperativa de *crédito*, a decisão de passar a ser também cooperativa de *consumo* constitui uma decisão importante, com amplas consequências, ao passo que a decisão de pintar ou não a sala de reuniões da diretoria constitui uma decisão administrativa de pouca importância.

Segundo sua importância, as decisões podem ser organizadas em *níveis,* do mais alto ao mais baixo. Uma maneira de distinguir os níveis é enumerar os passos da programação, a saber:

Nível 1 – Formulação da doutrina e da política da instituição.

Nível 2 – Determinação de objetivos e estabelecimento de estratégias.

---

* Veja-se o livro *A autogestão iugoslava*, por Bertino Nóbrega de Queiroz, Coleção "Tudo é História", nº 54, Editora Brasiliense, 1982.

Nível 3 – Elaboração de planos, programas e projetos.

Nível 4 – Alocação de recursos e administração de operações.

Nível 5 – Execução das ações.

Nível 6 – Avaliação dos resultados.

Geralmente, enquanto há uma relativa disposição favorável a permitir a participação dos membros da instituição ou movimento nos níveis 5 e 6, isto é, na execução das ações e na constatação de seus resultados, nos níveis de formulação de política e de planejamento, a participação fica restrita a uns poucos "burocratas", "tecnocratas" ou "lideranças".

A democracia participativa promove a subida da população a níveis cada vez mais elevados de participação decisória, acabando com a divisão de funções entre os que planejam e decidem lá em cima e os que executam e sofrem as consequências das decisões cá embaixo.

Muitas vezes essa subida é apenas uma questão de capacitação e de experiência, mas na maioria dos casos ela é conseguida somente através de árduas lutas contra o *establishment*.

Em muitas comunidades rurais e favelas urbanas, antigamente poucos habitantes participavam do melhoramento das condições locais. Mais recentemente, alguns deles tomaram a iniciativa de apresentar reivindicações ante os poderes públicos, ao mesmo tem-

O que é Participação — 35

po que tomavam parte em ações locais de melhoria. Após avaliar sua situação encaminhavam às autoridades queixas e demandas de serviços de água, esgotos, transporte, segurança, saúde etc. Hoje, essas comunidades já passaram de uma participação de níveis 5 e 6 a uma participação de níveis 3 e 4, ganhando influência e intervenção em áreas de decisão antes zelosamente monopolizadas pelas prefeituras.

Quando o governo controla a participação do povo, mas não é controlado pelo povo, é sinal de que ainda falta muito para se chegar à sociedade participativa. Nesta, o povo exerce o controle final das decisões, nos mais elevados níveis.

Condicionamentos da participação

Como se explica que, sendo a participação uma necessidade básica do homem, tão poucas pessoas participem real e plenamente das decisões importantes de nossa sociedade? Que fatores condicionam a participação, isto é, a facilitam ou obstaculizam?

• A família Silva está reunida ao redor da mesa para discutir como enfrentar o desafio do crescente custo de vida. Mas os filhos já sabem de antemão quais serão as decisões que a família vai tomar. São as decisões que o pai costuma impor em momentos críticos: só ele se julga capaz de escolher a melhor alternativa. E até utiliza o sarcasmo e a ironia para destruir os argumentos dos filhos mais velhos.

- A Associação dos Moradores da Favela do Cravo convocou reunião para discutir o problema da água. O novo presidente da Associação é um homem que sempre trabalhou pela comunidade e, portanto, é muito querido e respeitado. Ele cria um ambiente onde ninguém se sente inibido de dar sua opinião. Todos gostariam de contribuir na medida de suas possibilidades.

- O Serviço de Extensão Rural estabeleceu o "planejamento participativo" no município de Rebouças. Este começou por um diagnóstico dos problemas do município, feito pelos técnicos do Serviço. Mais tarde, os técnicos comunicaram aos agricultores quais eram os problemas identificados. E pediram aos produtores que elaborassem, com a ajuda dos técnicos, as soluções mais convenientes.

- O candidato a governador anuncia seu plano de substituir o paternalismo governamental por uma alternativa comunitária baseada na participação responsável da comunidade. Contudo, como o candidato pertence a um partido de classe média, as classes trabalhadoras perguntam-se qual será *seu* nível de participação na reforma proposta.

- Os novos países membros das Nações Unidas exigem igual participação nos direitos e obrigações, independentemente do país ser ou não uma grande potência. O financiamento da Organização, porém, depende basicamente das cotas pagas pelas grandes potências. Sem esta contribuição, dificilmente a Organização poderia se manter.

São estes os condicionamentos da participação. Os exemplos mostram que, embora pessoas, grupos ou nações gostassem de participar plenamente e beneficiar-se dos resultados de sua participação, nem sempre isso é possível. Existem circunstâncias de diversos tipos que condicionam o grau, o nível e a qualidade da participação.

Às vezes, como na família Silva, as barreiras para uma participação efetiva de todos os membros encontram-se em certas *qualidades pessoais* de algum membro: pai autoritário, mãe submissa, filhos acostumados a obedecer por temor ou por respeito.

No caso da Associação dos Moradores da Favela do Cravo, as qualidades pessoais do líder atuam a favor da participação. Também favorece a *natureza do problema*, cuja solução interessa a todos.

A *filosofia social da instituição* ou do grupo influi também sobre o alcance da participação permitida. O Serviço de Extensão do município de Rebouças, mesmo oferecendo aos agricultores a participação no planejamento das ações, *reserva-se o direito de fazer* o *diagnóstico da situação utilizando exclusivamente seus próprios técnicos*. Ele não confia na capacidade dos agricultores de identificar seus próprios problemas, ou não deseja arriscar que os mesmos levantem problemas que o Serviço não pode resolver. Sua filosofia social, como instituição, concede ao técnico o papel de pensar e ao agricultor o papel de beneficiar-se do pensamento do técnico. Atribui um papel meramente instrumental à participação e não deseja abrir mão do controle do processo.

Embora o candidato a governador do Estado possa acreditar pessoalmente numa alternativa comunitária baseada na participação de todas as classes sociais, o fato de ele pertencer a um partido dominado pela classe média permite prever um sucesso apenas relativo de seu plano, se ele se cercar só de elementos de seu partido. Os interesses da classe trabalhadora podem não ser contemplados proporcionalmente ao tamanho e à importância da classe.

Essa possibilidade destaca a grande influência da *estrutura social* sobre a participação. O fato de nossa sociedade estar estratificada em classes sociais superpostas e com interesses às vezes antagônicos nos leva a perguntar se uma estrutura como a nossa favorece a

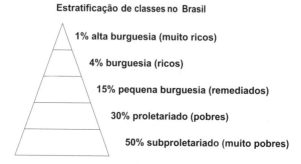

Estratificação de classes no Brasil

1% alta burguesia (muito ricos)

4% burguesia (ricos)

15% pequena burguesia (remediados)

30% proletariado (pobres)

50% subproletariado (muito pobres)

participação, admitindo-se que só se participa realmente quando se está entre iguais:

Na Organização das Nações Unidas, também a estrutura social exerce decisiva influência na participação, só que aqui a burguesia está representada pelos países do Primeiro Mundo (e alguns do Segundo), enquanto o proletariado compreende os países do Terceiro Mundo. A participação não pode ser igualitária e democrática quando a estrutura de poder concentra as decisões numa elite minoritária.

Desta breve análise de alguns condicionamentos da participação, baseada nos exemplos escolhidos, depreende-se a noção de *conflito*, relacionada com a participação. De fato, as condições de participação no mundo atual são essencialmente conflituosas e a participação não pode ser estudada sem referência ao conflito social. Se desejamos considerar a participação como algo diferente de uma simples relação humana, ou de um conjunto de "truques" para integrar os indivíduos e as coletividades locais nos programas de tipo assistencial ou educativo, não podemos fugir à análise da estrutura de poder e da sua frequente oposição a toda tentativa de participação que coloque em julgamento as classes dirigentes e seus privilégios.

É que em toda sociedade existe uma oposição entre sistemas *de solidariedade* e sistemas *de interesses*.

Os primeiros funcionam sobretudo em nível comunitário e neles a ação visa a identificação com o grupo e a solidariedade entre as pessoas, dentro de um ambiente de relativa igualdade. Os membros se vinculam por uma série de laços que constituem uma solidariedade *orgânica*.

Nos sistemas de interesses, a ação visa o interesse do indivíduo, que procura distinguir-se dos demais para melhorar sua posição relativa a respeito deles. Os sistemas de interesses encontram-se nos setores de atuação econômica e mesmo política, nos quais vigoram a concorrência e a contínua atualização e renovação das desigualdades. Os membros destes sistemas se apoiam mutuamente por fins utilitários numa solidariedade puramente *mecânica* e não orgânica.

O drama de nossa sociedade é que com frequência o Estado se alia aos sistemas de interesses em detrimento dos sistemas de solidariedade e prefere limitar drasticamente a participação destes no momento em que considera que sua mobilização coloca em perigo o sucesso dos sistemas de interesses.

Numa sociedade regida mais pelos sistemas de interesses que pelos de solidariedade, com uma marcada estratificação socioeconômica, na qual umas classes exploram outras, a participação será sempre uma guerra a ser travada para vencer a resistência dos detentores de privilégios. É por isso que a análise da participação tem mais parentesco com os estudos dos movimentos populares de protesto social e político, e do movimento operário e revolucionário, do que com

O que é Participação

os trabalhos de psicologia social sobre liderança e coesão dos pequenos grupos.

Além dos condicionamentos impostos pela estrutura social geral, cada organização, formal ou informal – escolas, igrejas, empresas, sindicatos, partidos, associações profissionais, comunidades de base, grupos de amizade –, cria um *ambiente interno* que pode ser propício ou desfavorável à participação. Assim, um autor distingue as organizações que adotam, na administração das pessoas, a "teoria X" das que aplicam a "teoria Y".

A "teoria X" baseia-se na premissa de que o trabalho é desagradável para o homem e, para que ele trabalhe, deve ser recompensado, badalado, subornado e punido. De acordo com essa teoria, a organização ideal é impessoal e funciona sem levar em consideração as necessidades do indivíduo. Conceitos como "cadeia de comando" e "especialização de funções" são próprios da teoria X.

A teoria Y acredita que o trabalho é natural no homem. Crê-se que, no desempenho de tarefas, as pessoas adquirirão responsabilidade voluntária, acharão seu lugar dentro da organização e tomarão iniciativas para modificar a estrutura da empresa de acordo com as necessidades que se apresentem. A teoria Y afirma ainda que a criatividade está amplamente distribuída na população em geral e, consequentemente, cada organização deve dar oportunidades para que seus membros usem sua criatividade no desenvolvimento das atividades.

Todavia, para que seja aplicada a teoria X ou Y ou qualquer outra, deve existir na organização um *consenso ideológico*, o que quer dizer que a maioria de seus membros deve aceitar alguns valores e crenças fundamentais. Quando isso acontece a participação é facilitada, pois mesmo que cada subgrupo tenha seus objetivos próprios, todos compartilham do objetivo comum da organização.

Facilita ainda a participação o tipo democrático de *liderança ou direção*, enquanto o tipo autocrático, oligárquico ou centralizado a inibe ou dificulta.

Mas, às vezes, independentemente do tipo de liderança, *a estrutura* mesma da organização influi na participação. Sabe-se que na medida em que uma organização cresce e se torna mais complexa a participação de todos os seus membros nas decisões fica mais difícil, exigindo o estabelecimento de mecanismos de delegação e representação.

Um aspecto importante da participação é a *distribuição de funções*. Por exemplo, numa associação de moradores de um bairro ou favela, os membros distribuem entre si os trabalhos: alguns são lideranças, outros tomam parte em comitês de saúde, educação, segurança etc. Embora cada comitê seja relativamente autônomo em suas decisões e atividades, é a comunidade como um todo que autoriza o funcionamento dos

O que é Participação 45

comitês, indica quem deve participar em cada setor e recebe os relatórios e prestações de contas.

Nota-se que, na medida em que a estrutura de uma organização seja flexível e descentralizada, a participação desenvolve-se mais naturalmente.

A mesma coisa acontece com a *flexibilidade da programação*. Quando todas as atividades da associação estão rigidamente previstas num programa estabelecido, a participação na tomada de decisões deixa de ser relevante e se reduz às decisões triviais da tática operacional.

As forças atuantes na dinâmica participativa
VI

Apesar de a participação ser uma necessidade básica, o homem não nasce sabendo participar. A participação é uma habilidade que se aprende e se aperfeiçoa. Isto é, as diversas forças e operações que constituem a dinâmica da participação devem ser compreendidas e dominadas pelas pessoas.

• Na reunião dos Silva, haverá alguma forma de levar o pai a abrir mão de seu autoritarismo para que os membros se expressem com menos temor e contribuam para encontrar soluções mais funcionais para os problemas da família?

• Na favela do Cravo, quais seriam os melhores caminhos para envolver todos os membros da Associação de Moradores na luta pela água?

O que é Participação

• No município de Rebouças, que poderiam fazer os agricultores a respeito de sua participação no planejamento supostamente participativo dos trabalhos do Extensão Rural, quando são excluídos da elaboração do diagnóstico inicial de seus problemas?

• Se o candidato a governador vier a ganhar as eleições e seu partido implantar uma alternativa comunitária participativa, qual seria a política das classes trabalhadoras para evitar que sua participação seja manipulada em benefício das classes média e alta, como é tradicional?

• Que forças poderiam os países do Terceiro Mundo mobilizar para incrementar sua participação nas decisões mais importantes das Nações Unidas, impedindo que as grandes potências exerçam o direito de veto?

Os exemplos nos indicam que, em cada nível e em cada caso, a dinâmica da participação será diferente. A dinâmica da microparticipação em grupos primários e associativos é diferente da dinâmica da macroparticipação na luta social e política de grandes massas.

Existem, no entanto, alguns denominadores comuns, isto é, algumas forças que costumam atuar e que, bem compreendidas, podem ajudar a levar adiante a participação.

Graças aos estudos da psicologia social, as forças atuantes nos grupos humanos são relativamente conhecidas. Por isso não as analisaremos aqui, fazendo exceção para algumas que se consideram mais relevantes.

1. A força das *instituições sociais* é a primeira. O homem é um ser essencialmente *institucionalizado* isto é, seu comportamento é fortemente influenciado pela família, a educação, a religião, a economia, a segurança, instituições sociais que têm seus próprios dogmas e normas.

Esses dogmas e normas vêm canalizados e organizados pela *tradição*, pela *cultura*. Nossa tradição latino-americana, por exemplo, é menos participativa que a dos Estados Unidos, onde é comum que até uma humilde velhinha que possui um par de ações numa companhia assista às assembleias para defender seus direitos. Nós costumamos deixar que uns poucos se encarreguem das decisões e das atividades, reservando-nos apenas o direito de criticar seu desempenho. Quantos de nós, por exemplo, fazemos questão de participar nas reuniões de pais e mestres, de condôminos de prédio, da comunidade paroquial, de acionistas de empresa etc.?

2. As pessoas que se encontram em contato frequente, como num grupo de trabalho, de vizinhança ou de amizade, tendem a desenvolver uma *organização social informal*, bem como *comportamentos padronizados* e *códigos de comunicação* que distinguem os membros dos não-membros. Desenvolvem ainda certas *normas grupais*, às vezes inconscientes e que não afetam igual-

mente a todos os membros. Toda pessoa que deseje ingressar no grupo ou trabalhar com ele, primeiro tem de aprender sua estrutura de organização social informal e seus códigos e normas.

Sabe-se também que os membros de grupo participam mais intensamente quando percebem que o objetivo da ação é relevante para seus próprios objetivos. Se os membros de um grupo concordam com a necessidade de alguma mudança, pode ser feita uma forte pressão para alcançar a meta, pois neste caso a pressão será exercida pelo próprio grupo. Os líderes comunitários e agentes educativos sabem que o povo participa mais e melhor quando o problema responde a seus interesses e não apenas aos da liderança ou das instituições externas. Sabem ainda que o objetivo deve ficar bem claro para todos os membros.

3. Dentro de todo grupo existem *diferenças individuais* no comportamento participativo. Cada membro participa de uma maneira diferente. A variedade de maneiras de participar é uma força positiva para a dinâmica do grupo, mas, ao mesmo tempo, exige uma tarefa de *coordenação* e *complementação*, que é função de todo o grupo e, especialmente, de suas lideranças. Os líderes e agentes educativos aproveitam as diferenças individuais construtivamente na participação.

4. A *atmosfera geral* de um grupo deriva em parte do estilo de liderança existente e que pode ser *autoritário, democrático* ou *permissivo (laissez faire)*. Tal atmosfera afetará tanto a produtividade do grupo como o grau de satisfação e de responsabilidade de seus membros.

5. A participação é mais genuína e produtiva quando o grupo se conhece bem a si mesmo e se mantém bem informado sobre o que acontece dentro e fora de si. A qualidade da participação fundamenta-se na informação veraz e oportuna. Isso implica num contínuo processo de criação de conhecimento pelo grupo, tanto sobre si mesmo como sobre seu ambiente, processo que requer a abertura de canais informativos confiáveis e desobstruídos.

6. Uma força atuante sobre a participação é um bom mecanismo de *realimentação*, no sentido de os membros reconhecerem – de maneira rápida e efetiva – as consequências de seus atos e os resultados da ação coletiva. Isso é particularmente importante por causa do caráter *imediatista* de nossa cultura: o povo deseja ver resultados concretos de seu esforço e não está acostumado a esperar recompensas tardias. A capacidade de aguardar recompensas demoradas vem com a educação.

7. Ora, a maior força para a participação é o *diálogo*. Diálogo, aliás, não significa somente conversa. Significa se colocar no lugar do outro para compreen-

der seu ponto de vista; respeitar a opinião alheia; aceitar a vitória da maioria; pôr em comum as experiências vividas, sejam boas ou ruins; partilhar a informação disponível; tolerar longas discussões para chegar a um consenso satisfatório para todos.

O diálogo tem seus requisitos. Compreende não só o melhoramento da capacidade de falar e escutar mas também o domínio das técnicas da dinâmica de grupos (discussão, dramatização, liderança de reuniões etc.) e o uso efetivo dos meios de comunicação grupal.

8. O padrão de comunicação de um grupo é, ao menos em parte, determinado pelas personalidades individuais dos membros. Por sua vez, o padrão de comunicação exerce influência sobre o comportamento dos membros.

A desigualdade, ou a percepção de desigualdades, conspira contra a participação. Na presença do patrão os operários não utilizam a mesma franqueza que de quando o grupo é homogêneo. O diálogo verdadeiro só é possível entre iguais ou entre pessoas que desejam igualar-se.

9. Os membros que muito contribuem para as discussões, intervindo com frequência utilmente, tendem a converter-se em elementos focais da comunicação. Os membros com *status* mais elevado, e que gozam de maior aceitação por parte dos demais, tendem

a iniciar mais comunicações que outros, modificando assim a direção da comunicação.

Em grupos grandes, os participantes tendem a dirigir suas comunicações a pessoas semelhantes a eles mesmos. Isto explica em parte a tendência para a formação de grupinhos e frações e, eventualmente, para o surgimento de antagonismos.

10. O tamanho dos grupos influi sobre o grau de participação. Embora um grupo grande conte com mais recursos que um pequeno, o nível de participação de cada membro tende a baixar. Daí porque têm se desenvolvido técnicas para quebrar um grupo grande (assembleia) em grupos pequenos.

* * *

Em nível de sociedade global, a participação se torna um processo muito mais complicado do que em nível de grupos ou associações. Com efeito, é nesse nível macro que se manifestam de maneira mais forte os condicionamentos desfavoráveis à participação.

1. A grande causa da resistência é a contradição de fundo entre a *igualdade* de todos os cidadãos na esfera *pública* e sua *desigualdade* na esfera *privada*. Vivemos dentro de um sistema que não pode funcionar senão declarando a igualdade e aplicando a discriminação; um sistema que transfere à sociedade política o es-

quema de desigualdade da sociedade civil, abrindo para a burguesia a possibilidade de fazer política com toda a força de suas posições adquiridas no esquema civil de desigualdade.

Daí o surgimento, nas últimas décadas, de uma distinção entre os que consideram "participação política" movimentar-se dentro das regras sociais vigentes, esperando extrair seu potencial igualitário, e aqueles que atuam dentro da estrutura mesma da desigualdade a fim de derrubá-la e destruí-la. A primeira é a *alternativa parlamentária* e a segunda é a *alternativa da luta de classes*. O tipo de participação inerente a uma e outra é marcadamente diferente.

2. Outra questão que afeta a participação social e política é a marcada divisão existente em nossa sociedade entre o *setor oficial* e o *setor civil*. Tradicionalmente supõe-se que o setor oficial é o iniciador e promotor do desenvolvimento, sendo o setor civil apenas seu beneficiário... ou vítima. Esta dicotomia tem tido como saldo a existência de um verdadeiro abismo entre os dois setores. De um lado estão os tecnocratas e burocratas que planejam, decidem e executam. Do outro lado, uma enorme massa de pessoas somente dedicadas a seus próprios interesses e negócios.

A comunicação entre os dois setores é precária e não raramente conflitante. Lembremos o destino dado pelas autoridades a uma petição, com milhares de firmas, apresentada pelo Comitê de Luta contra a Carestia. Lembremos a greve de maquinaria feita pelos produtores de arroz do Sul, que colocaram seus tratores e colhedeiras nas estradas como protesto contra os baixos preços fixados pelo governo para seu produto. Lembremos que o povo não foi consultado para o país assumir uma dívida externa superior a 100 bilhões de dólares e que terá de ajudar a pagar.

3. Daí a crescente popularidade das propostas em favor de uma democracia direta – quer dizer, *democracia como participação* – em substituição de uma democracia indireta, isto é, *democracia como representação*.

Com todas suas vantagens, a democracia representativa tem um grave defeito: a criação do *político profissional* com a conseguinte despolitização dos demais cidadãos, os que vivem uma participação de segunda mão, espectadores como são dos debates parlamentares e declarações de autoridades e candidatos. Distinto seria o caso se, como ocorria na Iugoslávia, os representantes do povo (dele*gações*) continuassem no exercício de suas funções, ou seja, vinculados às bases que os elegeram, de forma direta e contínua, e pudessem ser destituídos a qualquer tempo pela assembleia da organização ou comunidade que representam, mesmo tendo um período de mandato definido.

4. Os acelerados avanços do *associativismo* na época presente podem também vir a ser uma resposta,

pelo menos parcial, para o dilema acima: a sociedade civil, sem desconhecer os poderes e os deveres do Estado, trata de fortalecer-se através da participação em organizações de todo tipo, para ser um melhor interlocutor do governo, para melhor fiscalizá-lo e orientá-lo.

Desnecessário dizer que a sociedade civil não pretende substituir o Estado, mas também não quer deixá-lo como dono e senhor das decisões nacionais. Ela não aceita assumir uma contribuição maior de recursos sob o pretexto de "planejamento participativo" e outros engodos do Estado para que sejam construídos, a menor preço para este, estradas, escolas e postos de saúde. Porém exige ser consultada no planejamento e execução dessas obras, visto que é ela, a sociedade civil, que vai utilizá-las.

Neste sentido, a participação social e política é a luta das classes populares para que as classes dirigentes cumpram seu dever. Ao mesmo tempo, a participação nessas lutas pelas estradas, escolas, postos de saúde etc. serve para fortalecer a *consciência de classe* preparando o povo para passar a lutar por transformações mais drásticas das estruturas sociais.

A participação não tem, pois, somente uma função instrumental na codireção do desenvolvimento pelo povo e o governo, mas também exerce uma *função educativa* da maior importância, que consiste em preparar o povo para assumir o governo como algo próprio de sua soberania, tal como está escrito na Constituição.

Através da participação, a população aprende a transformar o Estado, de órgão superposto à sociedade e distante dela, em órgão absolutamente dependente dela e próximo dela.

A MICROPARTICIPAÇÃO COMO BASE DA MACRO

Uma grave deficiência da democracia liberal é pretender que os cidadãos exerçam a macroparticipação sem que necessariamente passem pela aprendizagem da microparticipação. Nem na família, nem na escola, nem na fábrica e nem mesmo no partido político se ensina a participar. Consequências: os cidadãos esperam tudo do paternalismo do governo; as leis se formulam mas não se cumprem (pois não foi desenvolvida a responsabilidade social); o povo permanece atomizado e desorganizado; os demagogos e caudilhos populistas manejam o povo a seu bel-prazer e os ditadores o dominam por longos períodos, sem encontrar firme e geral resistência popular.

Na nova democracia, que se pretende participativa, é fundamental a microparticipação, aquela que se dá nas comunidades, sindicatos, associações de bairro, grêmios estudantis, sociedades profissionais, grupos de igreja, clubes esportivos, escolas de samba e muitas outras expressões associativas. É aí onde a práxis participativa e a educação para a participação se desenvolvem e se ampliam.

Entretanto, se a microparticipação é sempre orientada somente para reivindicações específicas, tais como melhor salário, construção de escolas, estradas ou postos de saúde, isto é, como um fim em si e não como parte orgânica da macroparticipação, a luta do povo corre o risco de ser integrada no paternalismo e assistencialismo do sistema político geral.

Nos três exemplos seguintes, de participação na comunidade, na escola e no município observemos como a microparticipação, além de cumprir objetivos imediatos de elevada relevância social, prepara para a macroparticipação.

A PARTICIPAÇÃO NA COMUNIDADE

A participação comunitária consiste num microcosmos político-social suficientemente complexo e dinâmico de forma a representar a própria sociedade ou nação. Quer dizer que a participação das pessoas na sua comunidade é a melhor preparação para a sua participação como cidadãos na sociedade global.

Para a análise aproveitaremos as observações feitas por Frances O'Gorman em diversas comunidades de base no Brasil. Elas fazem parte do livro *Dinâmica comunitária nas palavras do povo* (Editora Vozes, 1981).

Quer no interior de um município rural, quer de um bairro de periferia urbana, o *grupo comunitário* é um núcleo relativamente coeso dentro de uma *vizinhança* maior, na qual existem também *grupos de interesse ou de classe* (sindicato, escola de samba, time de futebol, seitas religiosas etc.).

O grupo comunitário geralmente possui um *núcleo de liderança,* que é uma equipe, um grupinho firme que estimula e sustenta a organização e mobilização do grupo comunitário e interage mais de perto com os agentes educativos ou da pastoral.

O núcleo de liderança, agindo pelo grupo comunitário, se relaciona com a vizinhança, ou seja, com os moradores da rua ou do povoado, e com os grupos de interesse ou de classe, despertados por algum problema que atinja diretamente os participantes da comunidade.

A mobilização produzida pelo grupo de liderança pode envolver ainda outros setores de municípios rurais e bairros urbanos, numa participação indireta ou ocasional.

Ainda mais, as comunidades populares, longe de serem organismos estanques, encontram seu sentido no relacionamento com *instituições econômicas sociais, políticas e culturais que compõem a sociedade.*

Esse relacionamento extracomunitário é facilitado pela presença dos *agentes educativos* que têm acesso à sociedade dominante por serem em geral de classe média, o que lhes permite integrar-se nas organizações de poder.

Os agentes podem assim facilitar a canalização de recursos, informações e ideias entre o grupo comunitário e as instituições sociais extracomunitárias.

Não é infrequente o caso dos grupos comunitários, depois de um certo período, não necessitarem mais de agentes educativos, já que, pela práxis e a reflexão, eles adquirem maturidade e capacidade para a autogestão de seu processo educativo transformador.

A PARTICIPAÇÃO NA ESCOLA

A escola pública, antes encerrada em si mesma e dedicada quase que exclusivamente ao ensino de crianças e adolescentes, está procurando ser mais participativa em dois sentidos: o da participação da comunidade na escola e o da participação da escola na comunidade.

As vantagens de ambos os movimentos são bastante óbvias.

Tomemos o caso dos currículos. Os conteúdos dos programas de estudo são normalmente elaborados por funcionários do Ministério da Educação, profissionais de classe média urbana. Carregados de noções e valores adequados para a classe média urbana, eles são porém aplicados de maneira uniforme em todas as escolas, em todos os bairros e mesmo nas zonas rurais. Se os professores, que tratam diretamente com alunos das mais diversas origens e classes, e os pais dos alunos participassem na elaboração dos currículos ou pelo menos na sua adaptação, seria detectada a irrelevância de muitos conteúdos para os alunos de classe operária e rural. Se os pais dos alunos tivessem maior participação na vida da escola, poderiam fazer com que os horários e calendários escolares, os trabalhos práticos e as pesquisas dos alunos fossem mais adequados a suas necessidades e interesses.

Uma maior participação da escola na comunidade, por outro lado, reduziria a distância com frequência existente entre ela e o mundo do trabalho; aumentaria a eficiente utilização de locais como fábricas, oficinas, granjas etc. como lugares de aprendizagem; incrementaria a "interaprendizagem" entre os diversos setores produtivos da comunidade e ampliaria o alcance educativo da escola aos adultos.

Por sobre todas as coisas, a participação escola-comunidade constitui um laboratório vivo onde os futuros cidadãos aprendem a difícil arte da convivência democrática.

A participação no município

Dois municípios brasileiros, os de Boa Esperança, no Estado de Espírito Santo, e de Lajes, no Estado de Santa Catarina, já viveram suas experiências bem-sucedidas de participação comunitária. Em ambos os municípios os respectivos prefeitos convocaram a comunidade para a busca de soluções criativas e apropriadas à realidade local. Em ambos a participação foi institucionalizada, organizando-se comunidades de base e centros de irradiação e estabelecendo-se conselhos municipais de desenvolvimento integrados com representantes das forças vivas e dos organismos oficiais. O método de mutirão foi amplamente utilizado, sobretudo o habitacional, em que a prefeitura colabora com o terreno, água, energia, esgotos, escolas e alguns mestres-de-obras e as famílias beneficiadas com a ajuda da comunidade oferecem a mão-de-obra.

As experiências de Lajes e Boa Esperança permitem esperar a gradual implantação da democracia participativa no Brasil.

As ferramentas operativas

É relativamente fácil distinguir entre a participação *simbólica* e a participação *real*. Na simbólica os membros de um grupo têm influência mínima nas decisões e nas operações, mas são mantidos na ilusão de que exercem o poder. Esse é frequentemente o caso na democracia representativa de corte eleitoralista e também o de muitas cooperativas onde a gerência toma todas as decisões e os sócios se limitam a aprová-las.

Na participação real os membros influenciam em todos os processos da vida institucional. É verdade que os membros não participam todos da mesma maneira, alguns membros adotando funções de agentes *expressivos* (artistas, filósofos, comunicadores) enquanto outros adotam funções de agentes *instrumentais* (técnicos e profissionais), sendo, porém, as contribuições de ambos indispensáveis.

Ora, a participação real, para concretizar-se e não ficar no plano simbólico, precisa de certas ferramentas operativas, isto é, de certos processos através dos quais o grupo realiza sua ação transformadora sobre seu ambiente e sobre seus próprios membros.

Dedicaremos um breve comentário a algumas destas ferramentas operativas da participação, cientes de que cada uma delas exigiria um livro separado para ser adequadamente analisada.

O CONHECIMENTO DA REALIDADE

Como agir sobre uma realidade, para transformá-la, sem conhecê-la? E como conhecê-la sem estudá-la? Todavia, tão importante como conhecer a realidade objetiva, é que a comunidade ou grupo se conheça a si mesmo, suas percepções, seus valores e crenças, seus temores e aspirações.

Isso é tipicamente um problema de pesquisa. Entretanto, não pode ser uma pesquisa de tipo tradicional. Visto que os membros participantes do grupo deverão ser os atores das ações que podem transformar a realidade, parece natural que eles devam ser também os autores da pesquisa.

Essa metodologia de pesquisa, na qual a comunidade se estuda a si mesma com a finalidade de usar esse

O que é Participação   65

conhecimento e as novas percepções de si mesma para transformar sua situação, recebe o nome de Pesquisa *Participativa*.

A iniciativa da pesquisa pode surgir de uma comunidade interessada ou de uma instituição de finalidade educativa ou de serviço ao povo.

Teoricamente qualquer grupo pode fazer essa autopesquisa por sua própria conta. Na prática, porém, dada a falta de experiência no uso de métodos e técnicas de coleta e análise de dados, as comunidades são às vezes auxiliadas por equipes externas de pesquisadores. Estes, contudo, atuam só como assessores, sendo a própria comunidade, de maneira organizada, quem levanta os dados necessários.

Na América Latina a Pesquisa Participativa já vem sendo realizada com sucesso por grupos operários, comunidades rurais e de periferia urbana.

Não existe um método único de Pesquisa Participativa mas sim diversos tipos, conhecidos como *Pesquisa-ação*, *Pesquisa Temática*, *Pesquisa Militante*, etc.

Também os conteúdos da pesquisa variam de uma experiência a outra. Em alguns casos estuda-se a comunidade de uma maneira global, incluindo-se a estrutura socioeconômica, os componentes da cultura vivida, os grupos e associações, as relações formais e informais entre os membros da comunidade, as expectativas e problemas etc. Em alguns casos inclui-se também a história da comunidade. Em outros casos a pesquisa é mais específica, abordando-se preferentemente aspectos de um determinado setor, como saúde, nutrição infantil, nível de vida e problema dos transportes ou da comercialização de produtos agrícolas.

Pode-se observar que o conhecimento da realidade realiza simultaneamente diversos objetivos: criação de saber, conscientização, solução de problemas, capacitação e formação prática em participação etc.

Nessa ação de autoconhecimento a comunidade deixa de ser simples *objeto* de estudo, como na pesquisa tradicional, para ser *sujeito* e protagonista, além de beneficiária. Elimina-se a diferença entre pesquisador e pesquisado e desmistifica-se a pesquisa como algo reservado a especialistas de alta formação acadêmica. Os resultados da pesquisa são aproveitados pela própria comunidade e não apenas para publicação externa ou elaboração de teses, como é frequentemente o caso na pesquisa tradicional.

A ORGANIZAÇÃO

Vimos em capítulos anteriores que a participação pode ter uma intenção puramente *integradora* ou *adaptadora*, visando só ao melhoramento de uma situação específica, ou uma intenção *transformadora*, visando a modificação das estruturas econômicas e sociais.

Tanto uma como outra, no entanto, demandam algum tipo de organização das pessoas. A diferença consiste em que o segundo tipo de participação não pode evitar de tomar posições políticas.

Aliás, há exemplos de organizações que começaram com uma intenção integradora mas que evoluíram para uma opção transformadora e militante. Esse foi o caso do Movimento de Educação de Base (MEB) até o ano 1965 e talvez seja também a trajetória de muitas Comunidades Eclesiais de Base (CEB), que se iniciaram como círculos de estudos bíblicos e foram levadas pelos resultados de sua reflexão evangélica a uma militância mais política. As próprias Ligas Camponesas, que, no período anterior a 1964, fizeram famoso o deputado Francisco Julião no Nordeste do Brasil, tiveram seu começo como entidade de ajuda mútua para financiar o enterro digno dos camponeses.

Em todo o caso, após uma passividade de séculos, e cansada de esperar do Estado soluções para a qualidade cada vez pior da vida, a sociedade civil está atualmente despertando para a necessidade da participação.

Em surto sem paralelo na história da cidadania, a atividade associativa e organizativa está gerando constantemente novos grupos em todos os âmbitos da sociedade. Pode dizer-se, então, que *a participação tende para a organização* e *que a organização facilita e canaliza a participação*. De fato, a organização não é um fim em si mesma, mas uma condição necessária para a participação transformadora.

A COMUNICAÇÃO

Sem comunicação não pode existir a participação. De fato, a intervenção das pessoas na tomada de decisões requer pelo menos dois processos comunicativos: o de *informação* e o de *diálogo*.

A participação democrática se baseia em canais institucionais. Em primeiro lugar, de informação; não há participação popular sem informação qualitativamente pertinente e quantitativamente abundante sobre os problemas, os planos e os recursos públicos. Em segundo lugar, canais de consulta. Em terceiro lugar, canais de reivindicação e de protesto.

Esses canais têm de ser visíveis, de amplo e fácil acesso e de contato frequente, e seus limites têm que ser claramente definidos. É preciso que se saiba o que se pode reclamar e com quem. Por outro lado, uma reunião consultiva não deve "parecer" deliberativa, nem um canal de informação deve parecer uma reunião de consulta.

A participação democrática começa quando os grupos da população interessada em um tema específico recebem informação específica, conhecem os canais de reivindicações e são alertados para as formas de consulta a que têm acesso. Um governo democrático aberto à participação é aquele que informa corretamente, ouve cuidadosamente e consulta ativamente a população.

A informação e a comunicação são tão fundamentais para uma sociedade participativa que, na Iugoslávia, a própria Constituição do país estabelecia como obrigação dos meios de comunicação social o fornecimento de informações necessárias para a tomada de decisões pelos cidadãos, em todos os níveis e para todas as atividades autogestionárias da nação.

Em contraste, é paradoxal que os meios de comunicação em nossa sociedade "democrática" capitalista estão longe de favorecer a participação popular, pois, sendo de propriedade de grupos sociais hegemônicos, servem a seus interesses.

Muitos ainda acreditam que, devido a sua natureza tecnológica e à complexidade de sua administração, os meios de comunicação de massas só podem ser manejados por empresas particulares ou pelo Estado. A verdade é que não existem obstáculos de índole tecnológica para que estes meios sejam utilizados pelo próprio povo organizado, de modo que se voltem mais a favorecer a interrelação social, o diálogo e a auto-expressão de todos os cidadãos e grupos comunitários.

Aliás, o desenvolvimento da tecnologia da comunicação simplificou e barateou os equipamentos, como gravadores de som e de imagem, tornando viáveis as emissoras de baixa potência e pequeno alcance de rádio e televisão.

A comunicação radiofônica em AM pode ser partilhada por todos através dos rádios comuns, de pilha. Suplanta as dificuldades do analfabetismo e possibilita a dinamização dos comitês de saúde, habitação, educação etc. dos bairros populares, que frequentemente encontram dificuldades pela falta de um meio de comunicação eficiente e instantâneo. Em suma, o *rádio comunitário* é um meio aberto ao diálogo entre os moradores: pais, professores, alunos, operários, sambistas, todos terão um meio de expressão para toda a comunidade.

No arsenal da comunicação para a participação figuram ainda os numerosos meios de comunicação tradicionalmente usados pelas classes populares: o teatro popular, a dança, os violeiros e cantadores, as canções de protesto. Recentemente também têm sido feitas experiências com *jogos de simulação* que divertem e ensinam a participar, pois exige-se dos participantes que reflitam sobre os problemas levantados pelos jogos.

A participação de todos os setores da população na democracia do futuro depende da adequada utilização da comunicação tanto no nível dos pequenos grupos como no nível das massas espalhadas em todo o território do país.

Com efeito, por um lado, na medida em que os grupos e associações intensificam sua intervenção no debate de assuntos e problemas locais, será cada vez mais necessário o domínio pela população dos meios e técnicas da *comunicação grupal,* o método parlamentar, os recursos visuais. Por outro lado, para que seja

O rádio comunitário

possível o debate popular em nível regional ou nacional, terão de ser postos a serviço desta macroparticipação os meios de *comunicação social* mais modernos e abrangentes e ainda os recursos da *telemática,* da televisão interativa e mesmo dos satélites de comunicação.

Neste sentido, constitui um grave erro de omissão dos comunicólogos considerarem as novas tecnologias de comunicação como imposições imperialistas e deixarem de estudar seu vasto potencial para facilitar a democracia participativa de massas.

A EDUCAÇÃO PARA A PARTICIPAÇÃO

Como os demais processos sócio-humanos, a participação é suscetível de crescimento de tipo biológico. Ela pode ser aprendida e aperfeiçoada pela prática e a reflexão. A qualidade da participação se eleva quando as pessoas aprendem a conhecer sua realidade; a refletir; a superar contradições reais ou aparentes; a identificar premissas subjacentes; a antecipar consequências; a entender novos significados das palavras; a distinguir *efeitos* de *causas, observações* de *inferências* e *fatos* de *julgamentos.* A qualidade da participação aumenta também quando as pessoas aprendem a manejar conflitos; clarificar sentimentos e comportamentos; tolerar divergências; respeitar opiniões; adiar gratificações. A qualidade é incrementada quando as pessoas aprendem a organizar e coordenar encontros, assembleias e mutirões; a formar comissões de trabalho; pesquisar problemas; elaborar relatórios; usar meios e técnicas de comunicação.

Como se pode ver, a agenda da capacitação para a participação não é simples. A vantagem é que essas coisas não se adquirem numa sala de aulas, mas na chamada *práxis*, que é um processo que mistura a *prática*, a *técnica*, a *invenção* e a *teoria*, colocando-as ao serviço da luta pelos objetivos do povo.

E depois vem o que a educação deve ensinar a *rejeitar*. Na aprendizagem da participação, o aprendiz fica sabendo como detectar tentativas de manipulação, sintomas de dirigismo e de paternalismo; a superar a improvisação, o espontaneísmo e a demagogia; a distinguir a verdadeira participação da simples consulta ao povo.

Evidentemente, o tipo de educação que pode fomentar esses tipos de aprendizagem não é a educação tradicional, quer consista na transmissão pura e simples de conteúdos, quer na moldagem do comportamento humano com objetivos preestabelecidos. A participação não é um *conteúdo* que se possa transmitir, mas uma mentalidade e um comportamento com ela coerente. Também não é uma *destreza* que se possa adquirir pelo mero treinamento. A participação é uma vivência coletiva e não individual, de modo que somente se pode aprender na práxis grupal. Parece que *só se aprende a participar, participando*.

A ESCOLHA DOS INSTRUMENTOS

No começo deste livro foi destacada a importância decisiva do *controle* no processo de participação. Ora, é preciso agora advertir que o controle não radica apenas em quem toma a decisão final, quem diz a última palavra. O controle radica também na *escolha dos instrumentos* através dos quais se realizarão as atividades participativas.

Cabe uma explanação. É evidente que não há uma única forma de fazer pesquisa participativa, ou planejamento, ou comunicação. Cada uma dessas atividades pode ser executada usando diversos instrumentos metodológicos.

Ora, quem escolhe qual instrumento vai ser utilizado exerce um controle sobre o processo, independentemente de se é outra pessoa quem controla as decisões estratégicas ou políticas do mesmo.

Na pesquisa participativa, por exemplo, a equipe assessora externa pode, até inconscientemente, impor seus próprios instrumentos de observação, coleta de dados, codificação e interpretação como os únicos válidos. Ao aceitar a imposição "técnica", a comunidade, por mais que participe realmente no planejamento e execução da pesquisa, está sujeita ao controle e à manipulação pelos pesquisadores externos.

Na comunicação para a participação pode ocorrer a mesma coisa. A comunidade pode ser convencida por alguns membros ou agentes educativos de que os meios eletrônicos são os mais aconselháveis, sem perceber que, ao aceitar a introdução de uma tecnologia mais ou menos complexa, os membros que a conhecem provavelmente exercerão um importante grau de controle sobre as atividades. Daí porque, em diversas experiências de comunicação participatória, se tem procurado desmistificar os meios de comunicação, ensinando um número significativo de membros da comunidade a usá-los.

Em resumo, além da preocupação sobre quem detém o poder de controle final das decisões num processo participativo, é necessário também manter um olho vigilante sobre a escolha dos instrumentos metodológicos da ação participativa, pois uma parcela substancial de poder de controle costuma acompanhar a escolha feita.

Alguns "princípios" da participação VIII

À guisa de síntese final dos diversos aspectos da participação abordados neste livro, gostaria de propor algumas afirmações que, sem pretensão dogmática alguma, considero básicas para orientar este importante processo social. Evidentemente, outras pessoas podem encontrar outros "princípios", já que um processo amplo e multifacetado como a participação não cabe em estreitas simplificações.

1. A participação é uma necessidade humana e, por conseguinte, constitui um direito das pessoas.

O ser humano possui certas necessidades *óbvias*, como o alimento, o sono e a saúde. Mas também possui necessidades não óbvias como o pensamento reflexivo, a autovaloração, autoexpressão e a participação que compreende as anteriores. Privar os homens de satisfazerem essas necessidades equivale a mutilar o desenvolvimento harmônico de sua personalidade integral.

2. A participação justifica-se por si mesma, não por seus resultados.

Sendo uma necessidade e um direito, a participação não consiste apenas numa opção metodológica para cumprir mais eficientemente certos objetivos; ela deve ser promovida ainda quando dela resulte a rejeição dos objetivos estabelecidos pelo promotor ou uma perda da eficiência operativa.

3. A participação é um processo de desenvolvimento da consciência crítica e de aquisição de poder.

Quando se promove a participação deve-se aceitar o fato de que ela transformará as pessoas, antes passivas e conformistas, em pessoas ativas e críticas. Além disso, deve-se antecipar que ela ocasionará uma descentralização e distribuição do poder antes concentrado numa autoridade ou num grupo pequeno. Senão se está disposto a dividir o poder, é melhor não iniciar em movimento de participação.

4. A participação leva à apropriação do desenvolvimento pelo povo.

Toda vez que o povo participa do planejamento e execução de uma atividade ou processo, ele se sente proprietário do mesmo e corresponsável de seu sucesso ou fracasso. Um projeto participativo não se acaba quando se retiram as fontes externas de assistência, pois as pessoas o consideram "seu".

5. A participação é algo que se aprende e aperfeiçoa.

Ninguém nasce sabendo participar, mas, como se trata de uma necessidade natural, a habilidade de participar cresce rapidamente quando existem oportunidades de praticá-la. Com a prática e a autocrítica, a participação vai se aperfeiçoando, passando de uma etapa inicial mais diretiva a uma etapa superior de maior flexibilidade e autocontrole até culminar na autogestão.

6. A participação pode ser provocada e organizada, sem que isso signifique necessariamente manipulação.

Em grupos sociais não acostumados à participação, pode ser necessário induzi-los a ela. É claro que, ao fazê-lo, pode haver ocasionalmente intenções manipulatórias, mas também pode haver um honesto desejo de ajudar a iniciar um processo que vai continuar de maneira cada vez mais autônoma.

7. A participação é facilitada com a organização, e a criação de fluxos de comunicação.

Por consistir numa tarefa coletiva, a participação se torna mais eficiente com a distribuição de funções e a coordenação dos esforços individuais, o que demanda organização. Além disso, ao consistir na colocação em comum de talentos, experiências, conhecimentos, interesses e recursos, a participação requer meios de expressão e troca. Exige também que as pessoas aprendam a se comunicar, quer dizer, a usar bem diversos meios de comunicação e métodos de discussão e debate que sejam produtivos e democráticos.

8. Devem ser respeitadas as diferenças individuais na forma de participar.

Nem todas as pessoas participam da mesma maneira. Há pessoas tímidas e outras extrovertidas, umas gregárias e outras que gostam de certa solidão, umas que são líderes e outras que gostam de segui-los. O sucesso da participação descansa em parte no aproveitamento da diversidade de "carismas", sem exigir comportamentos uniformes e pouco naturais das pessoas.

9. A participação pode resolver conflitos mas também pode gerá-los.

É um erro esperar que a participação traga necessariamente a paz e a ausência de conflitos. O que ela traz é uma maneira mais evoluída e civilizada de resolvê-los. A participação tem inimigos externos e internos: em nossa sociedade classista e hierárquica nem sempre se aceita o debate com "inferiores" na escala social ou de autoridade. Dentro do próprio grupo haverá pessoas que, mesmo admitindo que todos são iguais, consideram-se "mais iguais" que os demais.

10. Não se deve "sacralizar" a participação: ela não é panaceia nem é indispensável em todas as ocasiões.

O fato de um grupo ter adotado um enfoque participatório não quer dizer que todo o mundo deve participar em tudo, todo o tempo. Isso poderia acarretar ineficiência e anarquia. É claro que é o próprio grupo que deve decidir, participativamente, quando tais ou quais membros devem participar ou não, em qual atividade, e quais assuntos devem ser objetos de consulta geral ou somente objetos de decisão por um grupo delegado. A participação não equivale a uma assembleia permanente, nem pode prescindir de utilizar mecanismos de representação. A participação é compatível com o funcionamento de uma autoridade escolhida democraticamente. "A participação deve e pode ser um instrumento de reforço dos canais democráticos de representação e não a eterna devolução ao povo dos problemas da própria comunidade." Deste modo, com a demarcação rigorosa dos canais de participação, a autoridade pública cumpre o seu papel e assume suas responsabilidades de governar com o mandato que recebeu das urnas.

Todos esses "princípios" devem ser lidos e entendidos dentro do processo geral, histórico, de construção de uma sociedade democrática participativa, na qual, graças à propriedade comunitária dos meios de produção, todos os membros da sociedade tenham parte na gestão e controle dos processos produtivos e tenham parte equitativa no usufruto dos benefícios conseguidos com seu trabalho e seu esforço.

INDICAÇÕES PARA LEITURA

Uma visita a uma livraria qualquer bastará para constatar a escassez de literaturas sobre participação como tema específico e direto. Todavia a participação aparece como tópico em livros sobre os mais diversos campos da atividade humana tais como Administração, Comunicação, Serviço Social, Planejamento e outros.

Na própria coleção "Primeiros Passos", da Brasiliense, vários títulos abordam aspectos da participação e na coleção "Tudo é História" é particularmente útil o livro *A autogestão iugoslava*, de Bertino Nóbrega de Queiroz.

Nos seguintes livros do autor comenta-se a relação da participação com outros processos sociais importantes:

• *Comunicação e Planejamento*, com Horacio Martins de Carvalho, Editora Paz e Terra, 1979

• *Educação Rural no Terceiro Mundo*, com Jorge R. Werthein, Editora Paz Terra, 1981.

• *O que é Comunicação*, Editora Brasiliense, 1982.

• *Estratégias de ensino-aprendizagem*, 5ª edição. Editora Vozes, 1983.

Safira Bezerra Ammann trata da manipulação histórica da participação social nos seus livros *Ideologia do Desenvolvimento da Comunidade no Brasil* e *Participação Social*, ambos pela Cortez Editora, 1980 e 1982, respectivamente.

Boa fundamentação ideológico-pedagógica para a participação encontra-se nos Suplementos do CEI (Centro Ecumênico de Informação): *Educação Popular I e II*, bem como nos *Cadernos de Educação Popular*, nº 1, 2 e 3, publicados pela Editora Vozes com trabalhos dos membros da NOVA – Pesquisa, Assessoramento e Avaliação em Educação.

Dinâmica comunitária nas palavras do povo, de Frances O'Gorman, Editora Vozes, 1981, descreve detalhadamente a práxis participativa em nível comunitário. Também da Vozes é *Dinâmica dos Grupos Populares*, assinado por William Cesar Castilho Pereira, 1982, que, em linguagem simples e com muitos exemplos práticos, ensina ao povo regras e técnicas de participação comunitária. Duas outras obras da Vozes sobre o tema em pauta são mais teóricas e doutrinárias: *Participação e Autoridade*, de Pedro Oliveira Ribeiro e Carlos Alberto de Medina, e *Participação e Trabalho Social*, de C. A. de Medina, 4ª ed., 1980.

A coletânea *Pesquisa Participante*, organizada por Carlos Rodrigues Brandão, Editora Brasiliense, 1982, oferece várias experiências reais com este novo método bem como depoimentos importantes de conhecidos educadores populares. Outras duas coletâneas de Carlos R. Brandão, *O Educador*, *Vida e Morte* e *Lutas com a Palavra*, publicadas pelas Edições Graal, destacam aspectos participativos do trabalho do educador popular.

O livro de Osmar Fávero, *Cultura Popular e Educação Popular: Memória dos Anos 60*, dramatiza os riscos que corre a participação sob regimes autoritários.

Todas as obras de Paulo Freire são relevantes para o tema da participação. Aliás, no livro de Frances O'Gorman, acima citado, aparece uma ampla lista das obras de Paulo Freire, com 19 referências.

De Lauro de Oliveira Lima, o livro *Mecanismos da Liberdade*, refere-se aos fundamentos epistemológicos e pedagógicos da participação social.

O Centro Regional de Educación de Adultos y Alfabetización Funcional para América Latina (CREFAL), localizado em Pátzcuaro, México, publicou em 1981 o livro de Anton de Schutter intitulado *Investigación participativa: una opción metodológica para la educación de adultos*, que cobre exaustivamente o tema e seus processos correlatos, entre os quais a participação.

Quem puder conseguir o livro de Albert Meister, *Participation, Animation et Development*, há tempo esgotado, pode se considerar afortunado, pois é muito rico conceitualmente e contém uma abundante bibliografia. Aliás, diversos conceitos que aparecem no livro *O que é Participação* foram extraídos do livro de Meister.

Os aspectos políticos da participação são eruditamente discutidos em *Participación y autogestión* de Leonardo Tomasetta, escritor italiano, editado por Amorrortu Editores, Buenos Aires, 1972.

Informação sobre as experiências participativas dos municípios de Boa Esperança (ES) e Lajes (SC) encontra-se respectivamente no folheto "A Comunidade no Poder, Experiências do Município de Boa Esperança – ES, 1977 a 1980", por Amaro Covre, e no livro *A Força do Povo, Democracia Participativa em Lajes* por Márcio Moreira Alves.

O autor agradece a José Augusto Guilhon Albuquerque, secretário da Promoção Social do município de Osasco (SP) e professor da USP, pelas várias ideias extraídas de seu artigo "Participação Sem Panaceia e publicado no jornal *Folha de S. Paulo*, em março de 1983.

Sobre o autor

Juan Díaz Bordenave é paraguaio, agrônomo, Mestre em Jornalismo Agrícola pela Universidade de Wisconsin e PhD em Comunicação pela Universidade do Estado de Michigan. Autor dos Livros *Estratégias de Ensino-Aprendizagem* (Vozes, 1977, 12ª ed. 1991) com Adair Martins; *Além dos Meios e Mensagens – Introdução à Comunicação como Processo, Tecnologia, Sistema e Ciência* (Vozes, 1983, 5ª ed. 1991); *Teleducação ou Educação à Distância* (Vozes, 1987); *Comunicação e Planejamento* (Paz e Terra, 1980) com Horacio Martins Carvalho; *Educação Rural no Terceiro Mundo* (Paz e Terra, 1981) com Jorge Wertheim e prólogo de Paulo Freire, *O que é Comunicação* (Brasiliense, 1982, 17ª ed. 1994), *O que é Comunicação Rural* (Brasiliense, 1983, 3ª ed. 1988).

Como consultor internacional em Comunicação e Educação, presta serviços a organismos nacionais dos países latino-americanos e a organismos internacionais como UNESCO, FAO, OIT, UNFPA, IICA e CIID. Reside no Rio de Janeiro desde 1968.

impressão acabamento

rua 1822 n° 341
04216-000 são paulo sp
T 55 11 3385 8500
F 55 11 2063 4275
www.loyola.com.br